1 MONTH OF
FREE
READING

at

www.ForgottenBooks.com

By purchasing this book you are eligible for one month membership to ForgottenBooks.com, giving you unlimited access to our entire collection of over 1,000,000 titles via our web site and mobile apps.

To claim your free month visit:

www.forgottenbooks.com/free1043385

ISBN 978-0-364-62754-9
PIBN 11043385

This book is a reproduction of an important historical work. Forgotten Books uses state-of-the-art technology to digitally reconstruct the work, preserving the original format whilst repairing imperfections present in the aged copy. In rare cases, an imperfection in the original, such as a blemish or missing page, may be replicated in our edition. We do, however, repair the vast majority of imperfections successfully; any imperfections that remain are intentionally left to preserve the state of such historical works.

Gehört Jesus ✳ ✳ ✳

✳ in das Evangelium?

Von

D. Martin Kähler.

———

Zweite Auflage.

(Der erſten Auflage unveränderter Abbruck.)

———

Leipzig.

A. Deichert'ſche Verlagsbuchhandlung Nachf.

(Georg Böhme).

1901.

Alle Rechte vorbehalten!

579

Vorwort.

Hiermit biete ich weiteren Kreisen einen auf der Berliner Pastoralkonferenz gehaltenen Vortrag an. Für den Abbruck ist er nur insofern verändert und um ein Geringes erweitert, als das erforderlich ist, um die Nachhilfe des mündlichen Ausdruckes und des persönlichen Eindruckes zu ersetzen, und als es die Befreiung von der engsten Zeitschranke erlaubt. Meine Absicht geht allein auf die Klarstellung eines grundsätzlichen Unterschiedes der Auffassung, weil ein solcher sich so leicht hinter die Berufung auf geschichtliche Betrachtungsweise versteckt.

Inhalt.

Gehört Jesus in das Evangelium? Was will diese Frage bedeuten? Daß er nicht aus den vier Evangelien gestrichen werden kann, das versteht sich ja doch von selbst. Also wiederum: Was heißt diese Frage? Worauf zielt sie ab, wenn sie ausdrücklich gestellt wird? Ihre Verneinung hätte etwa den Sinn, Jesus sei laut des Evangelium nicht Gegenstand unsres Heilsglaubens, Nachlebenden vielmehr lediglich ein nachwirkender Zeuge dafür, daß er selbst Gott erlebt habe, und für eine solcher Erfahrung entsprechende religiöse Sittlichkeit. Wenn dem so ist, bedarf es dann unter uns noch einer Ausführung über dieses Thema? Man sollte meinen: nein. Sind unsre Predigten doch ein entschiedenes Ja auf diese Frage, im vollen Gegensatze zu solcher Verneinung. Trotzdem haben wir Anlaß zu einer Verhandlung hierüber.

Am Anfange der theologischen Entwicklung des neunzehnten Jahrhunderts steht die herrschende Gestalt Friedrich Daniel Schleiermachers. Er hat den Rationalismus in der Theologie überwunden, nicht nur indem er dem Gemüte sein Recht in der Religion wahrte, sondern auch indem er Jesum Christum in den Mittelpunkt des christlichen Bewußtseins hineinrückte. Im Übergange von diesem Jahrhundert, in dem die Theologie christocentrisch war und in dem die Theologen danach gewogen wurden, in welchem Maße sie christocentrisch lehrten, im Übergange von diesem Jahrhundert zu dem neuen hat einer der überaus wenigen theologischen Nachfolger Schleiermachers in der Akademie der Wissenschaften Reden gehalten und veröffentlicht, in welchen ein von ihm selbst hervorgehobener Satz folgendermaßen lautet: „Nicht der Sohn sondern allein der Vater gehört in das Evangelium, wie es Jesus verkündigt hat, hinein." [1]) Dieser Satz spricht bedingter als die mir zum Thema gestellte Frage. Das Evangelium, wie es nach Jesu verkündet wurde, kann ja anders lauten als das seine, und es erhebt sich dann die Frage: welches dieser beiden ist das rechte, uns geltende Evangelium, oder gibt es etwa ein einheitliches Evangelium in den verschiedenen Evangelien? Es ist selbstverständlich nicht Sache dieses Ortes, dieses beredte Buch im einzelnen zu behandeln. Man kann ihm weder in unausweichlich erforderlichem Widerspruch gegen vieles, noch in bereitwilligem Lernen an andern Punkten innerhalb der kurzen Spanne einer Stunde gerecht werden. Es wirkt als fesselnde Gesamtaussprache einer umfassenden Bewegung. Diese und ihr gewinnender Ausdruck werden in ihrem Einflusse schwerlich durch kritische Asterisken aufgehalten, wie dienlich auch eine solche dem Gange des Buches folgende Besprechung sich manchen Lesern für eine eingehendere Auseinandersetzung erweisen möge. —

Anlaß zu dieser Besprechung hat jenes Buch trotzdem gegeben. Seine Absicht ist es gewiß nicht, die Person Jesu für die Christenheit überhaupt zu entwerten. Es will die Aufmerksamkeit solcher auf Jesum lenken, welche sich am kirchlichen Dogma stoßen, und mag vielleicht oftmals seine Absicht erreichen. Allein das geschieht um einen Preis, der vielen von uns zu teuer ist, nicht nur um den Preis von Dogmen, sondern um den Preis dessen, was ihnen nach ihrem „innersten Erleben" ihr Lebensbrot ist. Deshalb weckt dieses Buch das Bedürfnis nach einem Ver-

---

[1]) A. Harnack, D. Wesen d. Christent. 1900 S. 91.

suche, den tiefen, durchgehenden Gegensatz in der Gesamtauffassung des „Evangelium im Evangelium" nach Kräften zu bestimmtem Ausdrucke zu bringen. Den Mut dazu und die Pflicht dafür begründet die Überzeugung, gerade eine Geschichtschreibung, welche „das Wesentliche, das Wertvolle und Bleibende, zu ermitteln"[1] habe, komme zu einem andern Ergebnis in betreff der entscheidenden zwei Dinge „Jesus und das Evangelium"; zu einem Ergebnisse, welches sich auf die geschichtliche Kirche stützen kann und vor der geschichtlichen Kritik nicht zu scheuen braucht. Wenn mein Vortrag dabei zumeist mit Sätzen arbeiten muß, für die der wissenschaftliche Unterbau im einzelnen nicht beigebracht werden kann, so ist das für einen solchen Umriß unvermeidlich und erlaubt. Die sechzehn Reden über das Wesen des Christentumes haben den Beleg ihrer Urteile auch nur in dem begründeten Ansehen des gelehrten Redners. Das kann eben bei dergleichen programmatischen, bekenntnisartigen Äußerungen nicht anders sein.

Und somit zu dem Wichtigeren, zu der Sache selbst, nach der unser Thema fragt!

Die Sache, um die es sich handelt, ist die: Gehört Jesus hinein in das Evangelium, wie er es selbst verkündigt hat und wie seine Apostel es verkündigt haben? Zunächst was heißt: Er gehört hinein? Soll er hinein gehören wie Paulus hineingehört, wenn er sagt: mein Evangelium? Ganz gewiß nicht, denn das leugnet man nicht. Vielmehr erscheint ein solcher Zusammenhang des Verkünders mit der Botschaft so selbstverständlich, daß man gesagt hat, daran könne ja gar kein Zweifel sein, daß Jesus gekommen sei, das Evangelium zu verkündigen. Was er brachte, war ein Evangelium.[2] Jedoch in einer geschichtlichen Unter-

---

[1] Harnack a. a. O. S. 8. [2] Harnack S. 32.

suchung ist vor allem zu fragen: was ist, geschichtlich erwogen, Evangelium?

Die Reformation hat bekanntlich ein Evangelium gebracht, in welchem den eigentlichen Inhalt die Verkündigung Christi, des Wertes seiner Person und seiner für uns vollbrachten Leistung bildete. Sie hat nicht etwa ein Evangelium vom Glauben, eine Anpreisung eines Glaubens ohne ganz bestimmten Inhalt gebracht, sondern ein Evangelium für den Glauben. Sie hat den Christus, der bis dahin in der römischen Kirche „fast begraben" war, wieder vorgeholt, ihn dem Glauben angeboten und so den Glauben geweckt. In diesem Verfahren knüpfte sie bei Paulus an. Es kann kein Zweifel sein, daß Paulus Jesum den Christ als den eigentlichen Inhalt seines Evangelium ansah. Man denke an seine Äußerungen in den Korintherbriefen und an den Eingang des Briefes an die Römer. [1]) Daß auf dieser Auffassung auch das ruht, was er über sein nicht von Menschen empfangenes Evangelium Gal. 1, 11 f. aussagt, geht ebenso aus dem Hinweise auf seine Berufung V. 15. 16 wie aus seinem Glaubensbekenntnisse 2, 16—21 unleugbar hervor. Und wie Paulus der Schriftsteller, so auch Paulus der Prediger in der Apostelgeschichte. Die Predigt vom Reiche ist kenntlicherweise dasselbe wie das Evangelium von der Gnade Gottes oder die Bezeugung der Sinnesänderung zu Gott und des Glaubens an den Herrn Jesum Christum 20, 25. 24. 21. Auf die Ankündigung des Mannes, den Gott zum Richter eingesetzt, läuft die Athenische Rede hinaus und die Antiochenische Kap. 13 hat

---

[1]) 1. Kor. 1, 17. 23. 2, 2. 15, 1—5. 2. Kor. 4, 3—6. Röm. 1, 1—4. 9. Eph. 3, 8. Hiernach ist kein Zweifel, daß seine zwölfmal gebrauchte Wendung bedeute: „Ev. von Christo", und nicht „Ev., das Christus verkündet hat." In diesem Sinne braucht P. Hauptwort und Verbum 72 mal, außerdem in den Pastoral. 4 mal, die Bezeichnung Evangelist 2 mal. In dieser Anwendung begegnen die Ausdrücke im N. Test. sonst überhaupt noch etwa 40 mal.

eben den Messias zum Inhalt. Das Gleiche gilt von den Reden des Petrus Kap. 2. 3. 10, und mit ihnen klingt der ihm zuge= schriebene erste Brief durchaus zusammen. Ja, seine Reden im 2. und 10. Kapitel der Apostelgeschichte sind geradezu die Dis= position für den Grundriß unsrer synoptischen Evangelien. Übrigens braucht die Apostelgeschichte das Hauptwort nur im Munde des Paulus 20, 24 und des Petrus 15, 7; dagegen ist ihr das abgeleitete Zeitwort zum stehenden Ausdrucke für christ= liche Verkündigung überhaupt geworden, öfters ohne bestimmte Angabe des Inhaltes; wo aber eine solche gegeben wird, ist als solcher Jesus ausdrücklich oder mittelbar angezeigt. — Jo= hannes braucht freilich das Wort Evangelium nie; daß aber für seine Verkündigung Jesus der Gegenstand war, das liegt doch greifbar auf der Hand.

So kommen wir endlich zu dem, was ja heute für das eigentlich Entscheidende gilt, zu der Aussage der sogenannten synoptischen Evangelien. Ergibt sich wirklich aus ihnen, daß Jesus ein Evangelium verkündigt hat, in dem von ihm selbst nicht die Rede war? Zunächst ist darauf hinzuweisen, daß die drei ersten Evangelien das Zeitwort im Munde Jesu nur in An= führungen aus dem Alten Testamente bringen, so in der Rede zu Nazareth Luk. 4, 18 und in der Antwort an den Täufer, beide Stellen in Beziehung zu Jes. 61, 1. Evangelisieren bedeutet also hier wie im Alten Testamente gute, frohe Botschaft bringen, ohne schon ein festgeprägter Ausdruck zu sein. An einer andern Stelle, Luk. 4, 43, legt nur Lukas es Jesu in den Mund. Das Hauptwort Evangelium selbst kommt im 3. Evangelium über= haupt nicht vor. So erübrigen also nur Matthäus und Markus für Feststellung des Sprachgebrauches. Markus legt das Wort Jesu dreimal in den Mund bei Aussprüchen, in denen Matthäus es nicht hat. Also bleiben für Jesu Reden als allseitig belegt nur zwei Stellen übrig, in denen das Wort vorkommt. Einmal die

eschatologische Rede Matth. 24, 14, Mark. 13, 10; sie wird von
der Kritik allerdings Jesu abgesprochen. Sodann die Erzählung
von der bethanischen Salbung Matth. 26, 13, Mark. 14, 9.
Ist dieses Wort echt, so setzt der Redner voraus, daß man bei der
Ausrichtung des Evangelium gerade von ihm und dem, was
ihm widerfuhr, reden werde. Aber Bernhard Weiß hält es
nicht für echt, sofern es sich um die Urüberlieferung der Worte
Jesu handelt.[1] Der Schluß des Markus mit seiner Anweisung
16, 15: Prediget das Evangelium aller Kreatur ist zugestan-
benerweise kein ursprünglicher Bestandteil des zweiten Evangelium
und also in diesem Sinne unecht. Wir haben also nach dem
Urteile der historischen Kritik keine Gewißheit, ob Jesus den
Ausdruck Evangelium als terminus technicus überhaupt gebraucht
hat. Der genaueste Forscher über den ursprünglichen Wortlaut
der Reden Jesu, der anerkannte Erforscher des Aramäischen in
Jesu Zeit, Gustav Dalmann, kommt zu dem Ergebnisse, daß erst
innerhalb der christlichen Gemeinde Hauptwort und Zeitwort zu
einem Terminus geworden sind.[2] Der Eingang des Markus
lautet: Evangelium von Jesu Christo, dem Sohne Gottes; hier
also Evangelium im Sinne eines Berichtes, dessen Gegenstand
Jesus Christus ist.[3] Vielleicht daß aus diesem Anfange des
zweiten Evangelium die Verwendung dieser Bezeichnung für solche
Schriften überhaupt geflossen ist. So ergibt sich also die be-
merkenswerte Thatsache, daß unter den drei ersten Evangelien
gerade dasjenige sich so nennt, welches bekanntlich am wenigsten
Reden Jesu enthält; da liegt die Annahme doch so fern als
möglich, Evangelium bezeichne die Predigt Jesu selbst und ihre
treue Überlieferung.

Wer geschichtlich feststellen will, was Evangelium sei

---

[1] Markusev. 1872 S. 436.
[2] Worte Jesu 1898 S. 84.
[3] Text und Sinn nach B. Weiß a. a. O. S. 37 f.

und was hineingehöre, hat demnach nicht bei der unsicheren Überlieferung in betreff Jesu anzufragen, sondern bei der ersten
Christengemeinde, bei den Schriften des Neuen Testamentes überhaupt, vor allem bei Paulus mit seinem ausgiebigen Gebrauche
des geprägten Ausdruckes. Ohne am Buchstaben zu hängen darf
man demnach behaupten, es sei ungeschichtlich, ein Evangelium
Jesu dem Evangelium der Apostel gegenüberzustellen. Denn
dieser alttestamentliche Ausdruck ist zu dem die Welt durchhallen-
den Stichwort erst durch die Männer geworden, deren Beruf es
war, der Welt den Glauben an Jesum als den Christ zu verkündigen. Das ist keine Buchstabenklauberei, sondern Beobachtung
aus den Quellen.

Indes, was liegt zuletzt an der Bezeichnung! Es handelt
sich sachlich für uns um die Verkündigung Jesu selbst. Stände
das Evangelium der Apostel mit der Verkündigung Jesu im
Widerstreite, so würde wohl jeder sagen: dann ist das Evangelium der Apostel nicht maßgebend, denn Jesus ist doch die
Offenbarung. Wir haben also die Verkündigung Jesu darauf
anzusehen, ob er sich selbst zum Gegenstande seiner Verkündigung
gemacht hat. Dabei kommt in Frage, welche Quellen man anerkennt, ob bloß die drei synoptischen Evangelien, die nur von
einer galiläischen Wirksamkeit Jesu berichten, oder auch das vierte
Evangelium, das von einem Wirken Jesu in Judäa redet, wie
ein solches auch sonst durch die Sache gefordert erscheint. Die
drei ersten Evangelien geben die Reichspredigt Jesu, das vierte
seine Selbstaussage. Ich verzichte zunächst auf das vierte; denn
es kommt bei diesem Streite über das Verhältnis der apostolischen
Predigt zu der Verkündigung Jesu darauf an, die schmale Kante
der synoptischen Überlieferung zu behaupten, um zu zeigen, diese
Kante sei nicht zu schmal, um die Fugen zu zeigen, in welchen

haften kann, was das spätere Zeugnis uns entgegenträgt. [1]) Wie steht es also mit der Reichspredigt? Die Antwort ist nicht leicht zu geben, denn es darf hier nur benutzt werden, was als echt gilt! Wer aber unternimmt es, wenn überhaupt gezweifelt wird, hiefür den allgemeingiltigen Maßstab festzustellen; dafür was echt ist oder unecht, wesentlich oder nicht wesentlich? Bei der Begründung seiner These scheidet H a r n a c k alle eschatologischen Partieen aus. Nicht als ob dieselben nicht zum Teil von Jesus stammen könnten; aber es sei darin eine für ihn unvermeidliche Anlehnung an die Zeitanschauungen zu erkennen und sie gehören daher nicht zu dem Wesentlichen und Bleibenden in seiner Verkündigung. Zunächst ist also auch auf die eschatologischen Reden zu verzichten.

Und nun gestatten Sie, daß ich nur in Umrissen zeichne; sowie wir in die Besprechung von einzelnen Stellen und Ausdrücken einträten, würden wir in unendliche Ungewißheit hineingeraten. Ich habe also in großen Zügen festzustellen, daß Jesus in seiner Verkündigung nicht von sich geschwiegen hat. Das Nächstliegende scheint nun hierbei sein Anspruch auf die Messianität; doch trägt diese Thatsache nicht so viel aus, weil die Entscheidung eben darin liegt, worein er seine messianische Würde setzte. Das aber hat er vorerst sachlich angedeutet, ehe er mit jenem Anspruch erst vor seine Jünger, dann auch vor die Öffentlichkeit trat. Gehen wir jener vorbereitenden Verkündigung nach, so ist vor allem wichtig, was er n i c h t sagt. Jesus faßt sich nämlich nie ohne

---

[1]) Leser meiner Schriften wissen, wie zuversichtlich ich das Ev. Joh. verwerte. In diesem Falle schließe ich mich mit meinem Verfahren an Grau, das Selbstbewußtsein Jesu 1887 an; verweise auch für das Folgende auf seine umfassenden Ausführungen. Wenn ich auch nicht durchweg unterschreiben kann, was er ausspricht, muß ich doch wiederholt betonen, daß die Gesamtarbeit an diesen Fragen unter dem Einverständnisse darüber leidet, ihn beiseite zu schieben.

weiteres mit den Menschen als gleichmäßig zu ihnen gehörig zusammen, weder in bezug auf sein Verhältnis zum Vater noch in bezug auf sein Verhältnis zur Welt. Nirgends stellt er sich schlechtweg in eine Reihe mit den andern Menschen, selbst nich mit seinen Anhängern, nicht einmal für die Zukunft. Er steht immer zwischen den Menschen und seinem himmlischen Vater. Wenn er in bezug auf die Wiederkunft sagt: das weiß niemand, auch der Sohn nicht Mark. 13, 32, so könnte man da noch zur Not sagen, es handle sich um den letzten oder höchsten Pro=pheten. Wenn er aber seine Lästerung mit der unvergebbaren Lästerung des heiligen Geistes vergleicht, so rückt ihn das der Gottheit zunächst. Im Gleichnisse bezeichnet er sich als den einzigen Sohn gegenüber den sonstigen Gottesboten als den Sklaven. Während er bis ans Kreuz hinan die Fürbitte übt, ist kein gemeinsames Gebet mit seinen Jüngern bewahrt, keines mit einem zusammenfassenden „wir"; alles widerspricht der Möglichkeit, daß das Unser Vater ein von ihm gebrauchtes Gebet gewesen sei. Freilich, bei solchen Einzelzügen wird immer gesagt werden können: das läßt sich so oder so deuten. Wer aber un=befangen die Schilderung durchprüft, der wird nicht zweifeln, daß eine zwar sehr zarte, aber dabei ungemein feste Linie zwischen dem Ich und Ihr, Mich und Euch durch alle Reden, und gar=nicht bloß bei Johannes, hindurchgeht.

Aber es fehlt auch nicht an wirklichen Selbstaussagen Jesu über seine Bedeutung für seine Anhänger. So fordert er den Anschluß an seine Person, nicht bloß an sein Werk, und an sein innerstes Sein, nicht bloß an seine Lehre. Allerdings soll man seine Gebote befolgen, aber er verlangt daneben, und als Ent=scheidendes, daß man sich an seine Person anschließe. Mehr als einmal redet er von dem Verlieren des Lebens um seinetwillen, während das entgegenstehende Gewinnen des Lebens es aus=schließt, die Worte bloß auf das irdische Dasein zu beziehen.

Es handelt sich um eine Hingabe der Person an die Person, neben der auch die höchst zu achtenden irdischen Verhältnisse zurücktreten müssen.[1]) Die bekannte Zusage an zwei oder drei auf seinen Namen hin Zusammentretende Matth. 18, 20 gibt seinem Namen für seine Jünger die Bedeutung, welche in Israel dem Namen Gottes zukam; das klingt auch sonst in seinen Reden nach. Und dazu der Gegensatz: Selig, wer sich nicht an meiner Person ärgert.[2]) Auf seine Person also kommt es an. Erscheint hier das Verhältnis zu ihm entscheidend, so gibt ferner die Beziehung des Handelns auf ihn diesem Handeln seine Bedeutung: „Was ihr gethan hat einem unter diesen meinen geringsten Brüdern, das habt ihr mir gethan".[3]) Die entsprechende Krönung, so zu sagen, finden diese Aussagen zunächst in dem Spruche vom Bekennen und Verleugnen Matth. 10, 32, Luk. 12, 8 f.; daß hierbei nicht nur und nicht zuerst an die Sittlichkeit der Nachfolger zu denken sei, zeigt doch wohl die Auslegung durch das Erlebnis des Petrus. Daran schließen sich die weiteren Ausblicke auf das Gericht oder im Gleichniswort auf die Ernte, die Heimkehr des Hausherrn u. s. w.; und mit ihnen verbinden sich die Zusagen der dann erneuerten Gemeinschaft. Stellt man sie in diesen Zusammenhang, so kann die bildliche Einkleidung gewiß ihre Herkunft von Jesu nicht zweifelhaft machen.

Freilich hat er einen Auftrag, eine Sendung von seinem Vater, aber er trägt diese Sendung nicht als Sklave, sondern als Sohn, als Herr. „Macht" ist ihm verliehen; wie man sie um ihn her als eine unvergleichliche anerkennt, so schätzt er sie selbst; umfaßt sie doch die Vollmacht, Sünden zu vergeben auf Erden.[4])

---

[1]) Matth. 10, 34—39. 16, 25. Lk. 14, 26.
[2]) Matth. 10, 22. 18, 5. 19, 29 Parall. und in der eschatol. Rede. Matth. 11, 6. —
[3]) Matth. 25, 45. — 18, 5. Lk. 9, 48. — Matth. 10, 42. Mt. 9, 41.
[4]) Matth. 9, 6. 10, 32.

Und dementsprechend verfährt und lehrt er in Beziehung auf die alttestamentliche Überlieferung. Schon in der Bergpredigt wendet er sich nicht allein gegen pharisäische Menschengebote; seine Auslegung ist dort wie in der Sabbathfrage, zugleich eine Sichtung und Wandlung. In betreff der Ehescheidung hebt er das Mosaische ausdrücklich als solches auf.[1]) Was der Täufer im Blick auf Gottes Schöpfermacht androhte, die Verwerfung Israels, kündigt er bestimmt mit der ausdrücklichen Versicherung an, die Ungläubigen sollen durch Heiden ersetzt werden.[2]) Durch die Forderung, den Vater im Himmel in der Feindesliebe nachzuahmen, thut er den innersten Trieb seines Dienens kund und schließt es mit der Fürbitte für seine Mörder ab. Wenn er nun dazwischen die herben Strafreden wider die blinden Blindenleiter hält, so vernehmen wir in ihnen gewiß nicht den Ton der Erbitterung über die Widersacher, vielmehr den erschütternden Ernst des Richters, der in seinem Urteile die Gerichtsankündigung der Prophetie abschließend zusammenfaßt. In solchen Zügen tritt der über die Ökonomie, über das Hauswesen des Vaters gestellte Sohn im Unterschiede von dem höchstgeschätzten Diener hervor;[3]) er schaltet souverän im Gebiete der göttlichen Offenbarung. Und eben das beansprucht das immer wieder hervorgehobene „Johanneisch klingende“ Wort: „Alles ist mir von meinem Vater übergeben. Und niemand kennet den Sohn, denn nur der Vater; und niemand kennet den Vater, denn nur der Sohn und wem es der Sohn will offenbaren“. Leute, die daran Anstoß nahmen, haben diese Sätze freilich schon in alter Zeit umgestellt; aber bis jetzt hat es noch kein Herausgeber unternommen, den Text so drucken zu lassen.

Unverkennbar spricht aus seinem ganzen Verhalten ein Be-

---

[1]) Matth. 19, 3 f.
[2]) Matth. 8, 10 f.
[3]) Vgl. Hbr. 3, 5. 6 mit Mark. 12, 6 f.

wußtsein, dessen Inhalt den geraden Gegensatz zu seiner Mah-
nung in betreff der Pharisäer und Schriftgelehrten bildet, Matth.
23, 3. Er unterscheidet durchaus nicht zwischen der Aufnahme
seiner Lehre und dem Anschluß an seine Person. Vielmehr
fordert er eben hiezu in verschiedener Form immer wieder auf.
Soll jene Einladung, bei ihm Aufatmen unter den Lasten des
Lebens zu finden Matth. 11, 28 f., wirklich nur durch ein Miß-
verständnis der Christenheit über seine Fleischestage hinaus geltend
geworden sein? Die immer wiederholte Forderung zur Nach-
folge enthält doch die Zuversicht zur unbedingten Sicherheit und
Richtigkeit seines Ganges und gewinnt im Zusammenhange mit
dem Bekenntnisse seiner Jünger zu seiner Messianität und mit
seiner Voraussage seines Lebensausganges gewiß Geltung über
den ihm noch bleibenden Rest seiner „zwölf Stunden" hinaus.
Nach dem allgemeinen Verständnisse der Christenheit setzt sie
Sündlosigkeit bei ihm voraus und findet an dem ganzen entsprechenden Eindrucke die Begründung seines unüberhörbaren
Anspruches. Wo ihm aber Raum gegeben wird, wo man seine
Vorbildlichkeit gelten läßt, da bleibt sie nicht nur gesetzlicher
Maßstab. Wer sein Leben verlieret um seinetwillen, wird es
gewinnen. Jene Führerschaft enthält auch die Bürgschaft der
Errettung. Und zwar nicht erst am Ende seiner und ihrer
Wanderung. Vielmehr jene Errettung bringt er, wohin er kommt,
schon jetzt.[1] Kam er nur zu den Kranken, so ist er nun in
der That doch ihr Arzt.[2] Und daß er es nicht lediglich durch
seine Verkündigung, durch Anweisung zu sittlicher Diät sei, das
kündet sich in einer Fülle von Thaten an, die ihn als den Über=
winder des Starken und seines Reiches bezeugen.[3] Fordert er
aber Glaube, wenn er befreiende Wunder thun soll, sollte er auf

---

[1] Luk. 19, 9 f.
[2] Matth. 9, 12 vgl. V. 4 f.
[3] Matth. 12, 28 f.

ihn verzichtet haben für die entscheidende Loskaufung? Allerdings
liest man hier nicht die ernsten Aufforderungen, wie sie das
vierte Evangelium in dieser Richtung reichlich bringt. Indes,
um welchen Glauben soll es sich denn bei dem Bekenner und
Verleugner Simon Petrus gehandelt haben?[1])

Endlich kommen wir zu den bekannten Vorausweisungen
auf seinen Lebensausgang. Sie selbst und ihr Verständnis sicher
zu stellen, ist eine eigne Aufgabe für umfassendere Untersuchung,
als sie heute für die Gesamtaufgabe gestattet ist. Seit drei Jahr-
zehnten folgt Arbeit auf Arbeit, um an diesem Punkte das
„Rätsel" dieser Person zu lösen, und dabei, wie schon vor hundert
Jahren, das kirchliche Bekenntnis durch Jesu eignes Zeugnis ins
Unrecht zu setzen. Gewiß liegt also viel daran. So lange man
Jesu diese Vorausweisungen nicht ganz abspricht oder willkürlich
zurechtschneidet, wird es dabei bleiben, daß er seinen Tod nicht
ohne die darauf folgende Auferstehung ins Auge gefaßt, in seinem
Tode den entscheidenden Zug seines Lebens gesehen und an ihn
die Entledigung für uns geknüpft, auch gerade in ihn die Er-
füllung der Jeremianischen Weissagung von der Errichtung des
neuen Gottesbundes gesetzt hat. Das allein greift weit über den
Märtyrertod aller Propheten hinaus.

Diese hauptsächlichen Züge, denen noch andre bestätigende
beigefügt werden können, zeigen, wie Jesus in seine eigne Verkündigung als Gegenstand hineingehörte. Es ist mir nicht ver-
borgen, daß man auf diesem Gebiete mittelst kritischer Sichtung
bei aller Zurückhaltung kaum zu einem verläßlichen Reste gelangen kann. Und selbst bei einem solchen Reste kommt es für
die Schätzung wesentlich auf die Gesamtanschauung an. Ein
gegen die geschichtliche Kritik gewiß nicht verschlossener Theologe,

---

[1]) Lk. 22, 32. — Vielleicht ist diese Stelle deshalb verdächtig geworden, weil Pius IX. sich auf sie für seine Unfehlbarkeit berufen hat!

mein verstorbener College W. Beyschlag hat erklärt: es könne
niemand ein Leben Jesu schreiben, der nicht eine Christologie
habe und den sie nicht beeinfluße. [1]) Es liegt in der Art Jesu,
daß man ohne eine Glaubensauffassung seiner Gestalt auch die
Berichte über ihn nicht auffassen kann. Das gilt auch hier.
Wer das Wesentliche heraussichten will, der braucht jedenfalls
einen Maßstab für die Wesentlichkeit. Dieser Maßstab aber wird
wohl immer die betreffende Christologie im weiteren Sinne, die
Schätzung des Wertes Christi in der Geschichte bilden; und sie
schließt immer auch eine Christologie im engeren Sinne, nämlich
ein Urteil über die Besonderheit seiner Person in sich. Andern-
falls bleibt nur ein etwas äußerliches Verfahren anwendbar.
Die Verdunkelung des echten historischen Jesus stamme — kurz
gesagt — aus der apostolischen Übermalung. Was also mit dem
sonstigen Zeugnisse der Apostel zusammenstimme, sei auf Rechnung
der Übermalung zu setzen. Echt sei nur das Widersprechende. —
Wer noch an Gottes Vorsehung festhält, darf fragen, warum
uns diese übermalenden Zeugen nicht erspart geblieben sind!
Jedenfalls sind solche Sichtungen überaus ungewiß, und man ist
deshalb nicht berechtigt, ihren Ertrag ohne weiteres vor aller
Welt für das Ergebnis der geschichtlichen Forschung zu erklären.

Also gibt es in Jesu synoptischer Verkündigung auch eine
Selbstaussage, wenn auch diese Selbstaussage nur hineingestreut
ist in eine reichlichere Verkündigung vom Reiche Gottes, oder,
um mich der Ausdrücke Harnacks zu bedienen: vom Vater und
der Seele, von Gerechtigkeit und Liebe.
Damit komme ich nun zu dem eigentlich springenden Punkt.
Ist man unter geschichtlichem Gesichtspunkte berechtigt zu sagen:

---

[1]) Leben Jesu 3. A. S. XXII.

wenn die Apostel in Beziehung auf Jesum und das Evangelium
von ihm anders reden, als der Herr selber geredet hat, so folgt
daraus mit Notwendigkeit, daß die Verkündigung der Apostel
irrig ist? Die Antwort kann nur aus einer Einsicht in betreff
dessen gewonnen werden, wie man sich das Verhältnis
der Verkündigung der Apostel zu der Verkündigung Jesu
geschichtlich zu denken habe. Da fragt es sich zunächst: ist
es geschichtlich richtig, die Überlieferung von Jesu galiläischer
Verkündigung zum ausschließlichen Maßstabe des von ihm ver-
kündigten und seinen Boten aufgetragenen Evangelium zu machen?
Dann wird nur diese Lehre als Evangelium zu gelten haben. War
das Jesu eigne Absicht? Da habe ich folgende Bedenken.
Wir haben im Neuen Testamente gar keine Spur von einer solchen
Absicht und von einem entsprechenden Auftrage Jesu. Augen-
scheinlich haben seine Boten ihn nicht so verstanden, daß sie nur
Jesu Lehre weiter zu lehren, seine Verkündigung weiter zu
predigen hätten. Weder in den auf uns gekommenen Spuren
von ihren ersten Predigten noch in ihren Schriften ist das der
Fall. Auf diesen Abstand ihres Zeugnisses von jener Verkündigung stützt man ja das abschätzige Urteil über jenes. Nicht
einmal Jakobus tritt in seinem Briefe, der am meisten synoptische
Art an sich hat, auf und sagt: ich lehre euch die Lehre Jesu,
sondern er fordert den Glauben an den Herrn der Herrlichkeit
und ein ihm entsprechendes Verhalten. Worauf begründet man
denn die Behauptung, die Apostel sollten Jesu Lehre fortpflanzen?
Jesus selbst kann es nicht so verstanden haben, sonst hätte er
eine Veranstaltung dafür getroffen. Es gibt Theologen, die solche
Maßnahmen Jesu angenommen haben; z. B. K. Veit: Jesus
habe mit seinen Jüngern gewissermaßen Synagogenschule gehalten.[1]

---

[1] Synopt. Parallelen 1897 S. 73 f. — Hier soll kein Urteil über
diese Hypothese unter dem Gesichtspunkt des sog. synoptischen Problemes

Ähnlich auch Mandel. Das ist indes bloße Hypothese; dafür haben wir gar keine Bestätigung. Man sagt ferner, Jesus habe eigentlich nichts Neues verkündigt; seine Gotteslehre und seine Moral seien die des Alten Testamentes, nur befreit von dem Gesetzlichen, Rituellen und Nationalen. Diese Lehre des Alten Testamentes nach Beseitigung solcher Zusätze mit durchschlagender Kraft verkündigt, das war das Evangelium Jesu.[1]) So war also das Wesentliche eben die persönliche Kraft, und nicht die Wiederholung dessen, was schon da war, nicht seine Verkündigung ihrem Inhalte nach. — Allein jene Verkündigung Jesu, hat sie wirklich eine solche Kraft bewiesen? Wo war die Wirkung dieser Lehre, als die Elf zerstreut und glaubenslos von dem sterbenden Christus geflohen waren? Wo und wann hat sich in der Geschichte der Kirche ihre dauernde Wirkungskraft gezeigt? Es ist nicht nachweislich, daß irgendwann das Evangelium bloß in dieser Lehre Jesu bestanden habe, daß irgendwann eine Lehre dieser Art eine Kirche gegründet hätte. Jeder Zeit war das vielmehr der Glaube an Jesum. Wenn eine historische Betrachtung behauptet, jene Lehre Jesu sei unter allen Verhüllungen des geschichtlich lebenden Christentumes das einzig Wirksame gewesen, so mag sie eine sehr geistvolle geschichtliche Conception sein, aber sie ist doch nur eine Philosophie der Kirchengeschichte und nicht die Kirchengeschichte selbst; und dieser Unterschied bleibt bestehen, ob die Philosophie blau ist oder rot.[2])

---

abgegeben sein. Es wird nur betont, daß man eine solche Hypothese nicht zur Begründung eines Urteiles über das thatsächlich vorliegende Verfahren der ersten Boten Jesu brauchen dürfe.

[1]) Harnack S. 30 f.

[2]) Historiker von der Zunft haben Rankes Weltgeschichte eine Philosophie der Geschichte genannt. R. selbst zeigt Anwandlungen einer solchen Betrachtungsweise. Wie muß man von einem kurz geschürzten Gange durch die breite Geschichte urteilen, welche sich mit so abstracten Grundsätzen zur Herausstellung des Wesentlichen und Bleibenden schürzt, wie das Harnack in seinem Eingange thut!

Die geschichtliche Thatsache steht fest, daß die Boten Jesu sich von ihm zu Zeugen für seine Heilsbedeutung, nicht aber zu Trägern seiner galiläischen Predigt berufen wußten. Ist es dann geschichtlich richtig zu urteilen: wenn man nicht nachweisen kann, daß Jesus sich schon selbst zum Hauptgegenstande in seiner galiläischen Predigt gemacht habe, so liege in jenem Bewußtsein seiner Boten und ihrem entsprechenden Verfahren eine Verdunkelung des Evangelium im Evangelium vor? Dieses Entweder-Oder geht stillschweigend von der Voraussetzung aus, Jesus habe nur eine fertige Wahrheit zu verkünden, nicht aber eine geschichtliche Thatsache zu bringen gehabt, die in seiner eignen Geschichte erst wurde und zustande kam. Zieht man diese Möglichkeit in Rechnung, so wird man sich dem Eindrucke nicht entziehen können, Jesus habe dann wohl unter Umständen Selbstaussagen thun können, wie sie vorwiegend im vierten Evangelium seltener auch in den andern begegnen, aber er durfte sich nicht selbst zum Thema seiner Lehrthätigkeit machen. Unter diesem Gesichtspunkt ist die Untersuchung am Platze, wie er zum Gegenstand eines Evangelium werden und wann das geschehen konnte.

Handelt es sich um eine Botschaft, die jeden Menschen angeht und unter gegebenen Umständen auch jeden Menschen anfaßt, so kann sie gewiß nicht eine breite Schilderung des Propheten in seiner Wirksamkeit auf seine Zeitgenossen sein, zu der selbstverständlich auch Inhalt und Art seiner Verkündigung gehört. Ihre Zeitfärbung wird immer eine Scheidewand zwischen jeder Gegenwart und dieser Vergangenheit aufrichten. Das Verbindende könnte nur der Inhalt seiner Rede sein, soweit er nicht geschichtliche Art an sich trägt oder ihrer entkleidet werden kann, etwa eben das Evangelium von Gott und der einzelnen Seele und die Moral. Man sollte indes über den Wert solcher prophetischen Kunde die Missionare hören. Wie sie berichten,

finden die Heiden eine solche Botschaft teils nicht neu, teils sehr
disputabel. Neu und ergreifend erscheint ihnen nur die Kunde
von dem Gott, der seine Liebe im Kreuzestode seines Sohnes für
die Sünder anpreist. Noch heute faßt jene zusammengefaßte
Verkündigung der unvergleichlichen Bedeutung Jesu für jeden
Menschen, welche in dem bekennenden Berichte von seinem Lebens-
ausgange besteht. Wen diese Verkündigung zuerst ergriffen hat,
der kann nachher nicht genug von Jesu hören, der begehrt nach
den evangelischen Erzählungen und Berichten, um ihn immer
völliger kennen zu lernen.

Damit ist denn aber auch festgestellt, wann Jesus Gegenstand evangelischer Verkündigung geworden sein kann. Lassen
Sie mich kurz sein: erst als er fertig war. Gerade weil wir
Christum geschichtlich verstehen wollen, so meinen wir nicht,
daß er mit seinem Auftreten schon der Fertige war. Der
Heiland der Welt ist er erst in der Auferstehung geworden. Erst
dann konnte er gepredigt werden; erst dann, um seiner selbst und
um seiner Zuhörer willen. Um seiner selbst willen, weil er dann
erst der fertige Christus war und weil er es auf den Glauben
an seine Messianität abgesehen hat. Um seiner Zuhörer willen;
denn unglaublich war, was sie ihm verdanken sollten, ehe es
Thatsache war, und um es dann zu ergreifen, dazu mußten sie
erzogen, an ihn selbst gebunden und durch die ihnen verheißene
Gabe ausgerüstet sein. Sie vermochten es nicht ohne den andern
Beistand. — Und hier greift noch einmal die Frage nach dem Verhältnisse der Selbstaussage zu der Reichspredigt ein. Formulieren
wir es so: die Reichspredigt ist die verhüllte Selbstaussage, das
Evangelium von Christo ist die enthüllte und voll entfaltete
Selbstaussage.[1]) Man hat von verschiedenen Seiten das Zurück-

---

[1]) Durchschlagend erscheint den Vertretern des Evangelium Jesu, in
welches er selbst als Gegenstand nicht hineingehört, der Hinweis auf das
Vaterunser. Sieht man in ihm mehr eine kurze Summe seiner Predigt,

treten der Anschauung vom Gottesreich außerhalb der galiläischen Reden Jesu getadelt. Darin äußert sich ein mangelndes Verständnis. Zwar nicht Gott selbst ist sein Reich [1]), aber Jesus ist es. Wenn es kommt und schon da ist, wo Jesus selbst ist [2]), so haben seine Zeugen gutes Recht, ihn an die Stelle des Reiches zu setzen. Und so ist es erklärlich, daß bei ihnen ebenso unbefangen und gelegentlich neben ihm des Reiches Erwähnung geschieht, wie umgekehrt in seine Reichspredigt sich Selbstaussagen eingestreut finden.

Reich Gottes war für Jesus ein Stichwort, dem Alten Testament entlehnt, eine dienliche Verhüllung um das zu bezeichnen und zum Thema seiner Predigt zu machen, was er in seiner Person brachte. Der vierte Evangelist ist hier die Brücke zu der apostolischen Predigt, welche die Briefe voraussetzen. Er stellt schon den Herrn an die Stelle des Reiches Gottes. Und seitdem nun gibt es nur noch ein einziges Evangelium, in das nichts hineingehört als Jesus der Christ, der Welt Heiland und was uns in ihm von Gott gegeben ist.

---

wohl gar ein Bekenntnis für seine Anhänger als ein wirkliches Gebet, dann scheint das Schweigen von ihm selbst entscheidend. Wo aber bleibt dann die geschichtliche Fassung? Nach beiden Berichten ist diese „Formel" durchaus ein Bittgebet. Dieses Gebet enthält für einen Juden des Neuen nicht eben viel; es lehnt sich teilweise bestimmt an Vorhandenes an. Gewiß also ist es kein Bekenntnis des neuen Messianismus; unter welchem Titel sollte er sich selbst hier einfügen? Mag das eine „frostige Erklärung" scheinen, gewiß ist sie den geschichtlichen Umständen angepaßt. Die Möglichkeit seines Gebrauches in der Gemeinde ergibt sich aus der obigen Darlegung. Welcher Christ hat wohl die Reichsbitte mit innerer Beteiligung gebetet, dem sie sich nicht inhaltlich umsetzte in das Gebet: komm Du zu uns schon jetzt in Deinem Geiste! komm Du zu uns in Deinem Reich und Deiner Herrlichkeit, deren wir harren!

[1]) Harnack S. 36.
[2]) Matth. 12, 28. Luk. 17, 20, bei jeder Auslegung von „in euch." Vgl. Luk. 18, 29. Mark. 10, 29. Matth. 19, 29 mit Parall.

Daß die Verkündigung, deren Gegenstand Jesus ist, erst beginnen konnte, nachdem er sein Leben vollendet, seinen Kampf ausgekämpft hatte, das ist ja keine neue Betrachtung. Weshalb aber leuchtet das der kritischen Geschichtsforschung nicht ein? Weil sie nicht Geschichtsforschung ist, sondern Philosophie. Weil sie nicht bloß die Urkunden prüft und ihren Inhalt darlegt, sondern, wie sie selber erklärt, das Wesentliche und Bleibende herausstellen will. Und dieses Wesentliche und Bleibende bezeichnet sie charakteristisch genug als das „Zeitlose". Dieses „Zeitlose" sind ja doch Grundverhältnisse zwischen Gott und Mensch, Grundverhältnisse alles Daseins, also die vielgescholtene Metaphysik. Kommt aber dazu unser bewußtes Haben dieser Grundverhältnisse, so besteht das entweder in unausdeutbarer Mystik oder letzlich in „Ideen", will sagen: in Gedanken über Religion und Sittlichkeit von allgemeiner Umfassung und Währung. Darum darf dann auch die geschichtliche Person nicht mehr im Mittelpunkt des Evangelium stehen. Weiter aber leuchtet jene Betrachtung über das Verhältnis der apostolischen Predigt zur Prophetenthätigkeit Jesu deshalb dieser Geschichtsauffassung nicht ein, weil sie ein Vorurteil über die Religion hat. Das Geschichtliche soll ein der Religion an sich Fremdes sein; die Religion bestehe eigentlich bloß in Religiosität, in der Beziehung der einzelnen Seele auf Gott, in ihrem „Erleben Gottes". Ebenso hat diese Geschichtsforschung auch ein Vorurteil über Jesum. Auch er untersteht der absoluten Forderung individueller, geschichtlicher Begrenztheit. Was darüber hinausgeht, muß ein Irrtum sein. Die empiristische Philosophie, der uralte und moderne Monismus entscheidet über die Lebensfrage der Christenheit, über die Gottheit Christi. Und darum bekommen wir nun das für uns Verwunderliche zu hören, daß, wenn Jesus in das Evangelium und mithin in den Glauben hineingehörte, er sich zwischen Gott und die Seele als ein

Fremdes hineindrängen würde,[1]) also wie ein Fremdkörper in die Atmungswerkzeuge unsrer Seele; denn der Verkehr mit Gott ist doch das Atmen der Gott hingegebenen Seele. Und weshalb? Weil der bloße Mensch Jesus höchstens die „vollkommenste" Offenbarung Gottes ist; also nicht die „absolute" Offenbarung, nicht Gott selbst. Der Denker aber will selbst wie dereinst Origenes über die geschaffene Seele Jesu hinweg zu seinem Schöpfer. Jesus genügt ihm nicht. Indes er braucht ihn auch nicht, denn die Seele kann zum Vater kommen ohne Vermittelung; das ist ein Grundzug in dem von Jesus selbst verkündeten Evangelium. So steht es, weil Sündenvergebung nicht als die persönliche Handlung des persönlichen Gottes auf den einzelnen Menschen gilt. Sündenvergebung ist nur ein anthropomorphischer Ausdruck für das Verhältnis des Absoluten zum endlichen Sein, soweit von Gott dabei die Rede ist, und, soweit wir in Betracht kommen, nur ein religiöser Ausdruck für einen psychologischen Vorgang. Sündenvergebung ist wie jede Gott betreffende Idee ewig; es hat dem Menschen nur am Wissen und darum an dem Mute gefehlt, Gott als sündenvergebend aufzufassen. Für diese Anschauung von der Entbehrlichkeit einer Vermittelung beruft man sich auf die Erzählungen von dem Zöllner und von dem verlorenen Sohn. Als ob Jesus nicht zu Juden geredet hätte, zu Leuten, die den lebendigen Gott und seine Bundesoffenbarung schon kannten! Man betont sonst bei solchen Erzählungen, man habe den zu erläuternden Punkt fest im Auge zu halten und auf die unausbleibliche Ungenauigkeit jeder Vergleichung zu achten. In beiden Fällen handelt es sich nicht um neue Kunde von Gott, vielmehr um die rechte Stellung des Sünders zu dem gnädigen Gott, dem es um unsre Bekehrung zu thun ist. In der Erzählung von einem menschlichen

---

[1]) Harnack S. 90 f.

Vater konnte der göttliche Weg zu diesem Ziele freilich nicht seine Darstellung finden. Durch die Erinnerung hieran verliert jene Berufung ihr Gewicht. Übrigens haben wir keine Spuren davon, daß die Apostel mit der Geschichte vom verlornen Sohne die Heiden bekehrt hätten!

Diese Geschichtsforschung wird angewandt, um die Unwesentlichkeit des Thatsächlichen für eine subjectivistische Moral und Religion geltend zu machen. Eine solche Herausschälung der Religiosität aus allen positiven Religionen und allem Religiös-Positiven ist aber etwas uns längst aus der Geschichte Bekanntes. Das ist die Auffassung der Religion, die von den Deisten Englands her über Frankreich zu uns gekommen ist. Dieses Evangelium, in das Jesus nicht hineingehört, ist das „Christentum so alt wie die Welt", ist das „Christentum ohne Geheimnis", ist das Christentum Christi im Unterschiede von dem Christentume der Apostel, wie man neuerdings ebensowenig sinnvoll als geschmackvoll sagt. Wir stehen mit dieser Herauslösung von Ideen und Idealen aus der geschichtlichen Religion wieder bei dem Aufklärungsrationalismus des 17. und 18. Jahrhunderts. Der Historiker Loofs urteilt, daß „diese Richtung . . . energischer zum 18. Jahrhundert zurückdrängt als irgend eine Gruppe seit 1800".[1]) Das ist die Abwendung von der reichen theologischen Arbeit des 19. Jahrhunderts seit Schleiermacher bis auf Albrecht Ritschl. Wohl hatte Schl. von diesem Rationalismus noch manches an sich; indes das war die überständige Hülle und nicht der treibende Keim seiner Theologie. Der Herrnhuter und der Zukunftsmann in ihm machten ihn zu dem Begründer einer christocentrischen Dogmatik; so hat er den geschichtslosen Rationalismus überwunden. Und Ritschl hat kaum auf etwas so abschätzig herabgesehen, als auf die sogenannte „natürliche Religion".

---

[1]) Grundlin. d. Kirchengesch. 1901 S. 298; auf H. bezogen von mir.

Und nun wird uns eben diese selbe natürliche Religion ange=
priesen und ihre Anerkennung abgefordert im Namen der immer
nur einen Wissenschaft. Aber da vor unsren Augen die Wissen=
schaft sich sehr gewandelt hat und fortgehend wandelt, am
wenigsten aber als eine wirklich einheitliche und in sich einige
erscheint, so kann diese angeblich „immer nur eine Wissenschaft"
nichts andres sein, als die je und je bevorzugte Methode des
Erkennens. Die eine Wissenschaft ist ein Strebeziel und keine
Wirklichkeit. Soll ich an das interessante kleine Geplänkel mit
Häckel im vorigen Jahre erinnern?

Nicht die geschichtliche Forschung, sondern eine besondre
Geschichtsphilosophie führt zu der Auffassung der christlichen Ur=
geschichte, bei der ein Widerspruch zwischen der Verkündigung
Jesu und dem Evangelium der Apostel unabweislich wird.

———

Allein Harnacks Versuch, das Wesen des Christentumes zu
bestimmen, hat zwar den Anlaß dazu gegeben, mein Thema auf=
zustellen; die in ihm enthaltene Frage verlangt jedoch auch ab=
gesehen von diesem Anlasse ihre Beantwortung. Denn sie be=
trifft den übergeschichtlichen Wert des geschichtlichen Christus,
welchen die gesamte Christenheit in ihrem Bekenntnisse zur Gott=
heit Christi ausgesprochen und welcher zu allen Zeiten seine
Leugner gefunden hat. Wir haben deshalb zum Abschlusse diese
Antwort in möglichster Kürze zu geben.

Wenn man die Geschichte aus den erübrigenden Zeugnissen
erhebt, wie sie dort vorliegt, und einstweilen darauf verzichtet,
als Philosoph oder Dogmatiker „das Bleibende und Wertvolle
herauszuheben", also einfach geschichtlich gemessen, gehört Jesus
zweifellos in das Evangelium, nicht nur in das Evangelium
seiner Apostel, sondern auch in dasjenige, welches und wie er es
verkündet hat. Läßt sich das aus den drei ersten kanonischen

Evangelien aufzeigen, dann fällt auch ein wirksames Bedenken
gegen das vierte und seine Bedeutung für die Entscheidung dieser
Frage dahin. Freilich nicht so, daß Jesus von Anfang an und
je während seiner Fleischestage das ganze Evangelium hätte
predigen müssen oder auch nur können, in dem er seit der
Gründung der Kirche ein, wenn nicht das Hauptstück ausmachte.
In der Zeit der Orthodoxie meinte man, die Wahrheit der Offen=
barung lasse sich nur festhalten, wenn aller Verkündigung in der
Bibel und so auch dem Glauben jeder Zeit, aus der sie Zeug=
nisse enthält, buchstäblich derselbe und gleichumfassende Inhalt
eigne; so habe z. B. die „Theologie Adams“ schon Trinität und
Satisfaction umfaßt. Dann wäre es freilich nur folgerichtig,
von Jesu Predigt denselben Inhalt zu fordern, welchen die Briefe
des Paulus darbieten. Jede Forderung dieser Art fällt unter
das gleiche Urteil des mangelnden Verständnisses für die Ge=
schichte. Wir haben von unsern Lehrern seit Alb. Bengel ge=
lernt, daß Gottes Offenbarung nicht als ein Fremdkörper durch
die Geschichte hingehe, sondern eine Geschichte hat, wie sie eine
Geschichte hervorruft und bedingt. Daher verstehen wir es, wenn
Jesus nicht von Anfang an das „ganze Evangelium“ verkündete,
ehe er sich empfängliche Hörer erzogen und ehe er in seiner
eignen Vollendung das Gottesreich der Menschheit einverleibt
hatte. Ist doch seine Verkündigung nur die eine Seite seiner
Aufgabe und Leistung. Er konnte seine Predigtarbeit nicht un=
abhängig von den geschichtlichen Thatsachen vollziehen, in denen
seine Person werdend und leistend sich bildete, auslebte und voll=
endete. Denn hier war eben mehr als ein Prophet, der Ideen
zu verkündigen hat, mehr auch als der Größeste unter den bis
zu ihm hin vom Weibe Geborenen; hier war der Sohn Gottes
und in ihm die Wirklichkeit der Gotteskindschaft und ihre Er=
öffnung für die Sünder. Ohne ungeschichtliche Vorausnahme
vermochte er in seiner vorbereitenden Predigt, zumal in Galiläa,

nur, so zu sagen, die Pflöcke einzuschlagen, und mußte es seiner
ihm gewissen Vollendung überlassen, die volle Ausführung des
Angedeuteten zu ermöglichen und zu veranlassen. Trotzdem läßt
sich auch aus seiner nur andeutenden Verkündigung feststellen,
was für uns das Evangelium im Evangelium, was also sein
eigentlicher Kern sei. Wir urteilen nicht mit Harnack: was Jesus
selbst in Galiläa allem Volk verkündete, war an sich nichts Neues.
Das Neue, was er brachte, war seine Fähigkeit, wirksam zum
Vater zu führen und zur besseren Gerechtigkeit zu helfen. Dieses
Neue muß mithin auch der eigentliche Gehalt seiner Sendung
und seiner Prophetie, auch des Evangelium sein. Und dieses Neue
liegt eben in seiner Person und ihrer bleibenden Bedeutung für
jeden. Dann macht mithin erst Jesus als Gegenstand und Inhalt des Evangelium die Verkündigung zum Evangelium. So
haben seine Boten es gemeint, und deshalb gilt ihnen das Wort vom
Kreuz oder von dem Gekreuzigten als das eigentliche Evangelium;
was aber hierdurch begründet und verbürgt, beleuchtet und er-
hellt und wirksam gemacht wird, das ist Evangelium im weiteren
Sinne. In das Evangelium gehört nur, was sich mit dem
Evangelium verträgt, dessen Gegenstand Christus selbst ist; ja,
im tiefsten Grunde vielmehr nur das, was für das Glaubens-
verständnis in seiner ganzen Person begriffen ist. So zeigt sich
der geschichtliche Befund.

Ich komme auf den von mir seit Jahren vertretenen Satz
zurück: Der geschichtliche Christus ist der gepredigte Gekreuzigte und Auferstandene. Seine weitere Ausführung ist nicht
dieses Ortes.

Indes ist die Geschichte Beweis? Und ist dieses Ergebnis
in der That das für uns noch Geltende, weil „das Wesentliche
und Bleibende" aus dem Urchristentume? Mit andren Worten:

haben wir jener abgewiesenen Geschichtsphilosophie ein Verständnis der besprochenen Thatsachen und des Evangelium entgegenzustellen, in welchem das Glaubensurteil dem geschichtlichen Befunde rechtgibt? Für einen solchen bestätigenden Erweis gibt es wohl nur zwei Wege. Der eine Weg ist der einer großen geschichtlichen Conception, welche das Christentum ebenso wie Harnack durch die ganze Geschichte der Kirche hindurch zur Darstellung brächte. Dabei würde freilich, wie mir scheint, eine Seite der kirchlichen Entwicklung bei weitem mehr, als es zumeist geschieht, ins Auge zu fassen sein, nämlich die Mission. Was ist zu allen Zeiten unter den verschiedenen Methoden Mission zu treiben das eigentlich die Herzen Ergreifende gewesen? Für diese Stunde ist das selbstverständlich ausgeschlossen. Indes, auch wenn man etwas derartiges versuchen dürfte, so würde doch immer wieder eine bestimmte Grundauffassung die Voraussetzung für diese Conception sein. Und ein Forum, vor dem man über solche Grundauffassungen entscheiden könnte, existiert in der Wissenschaft ebenso wenig wie bei den Weltmächten für die hart aufeinander stoßenden Ansichten über die geschichtliche Mission einer jeden; sie gelangen zuletzt doch nicht ohne den Krieg zum Austrage. Eine Autorität hätten wir wohl: das Neue Testament; und danach, meine ich, würde die Entscheidung leicht sein, wenn ihm als Ganzem das entscheidende Ansehen beigemessen wird. Allein so stehen die Dinge in der heutigen Theologie nicht und darum fehlt uns ein solches Forum. Dann kann der Nachweis nur auf dem andern Wege erbracht werden, nämlich durch die Probe am Erleben. Ist das Evangelium ein solches, das man erleben kann? Da steht dann zunächst der Einzelne dem Einzelnen zur Seite und gegenüber. Man wird dem Paulus das Erleben Christi schwerlich absprechen können. Also, warum sollen das andre nicht auch können?! Zum Lebendigsein gehört nach allgemeiner Erfahrung das Originalsein, die völlige Ursprünglich-

keit der Bewegung gewiß nicht. Ja, was für original gilt, ist
durchaus nicht immer lebendig und lebenzeugend. Wollte man
nun auf unsre Frage unter diesem Gesichtspunkte das Verdict aus-
sprechen: Christum kann man nicht erleben, so wäre diesem im
Sinne von Monarchianern und Sozinianern gefällten Urteile das
Urteil der Deisten und Atheisten vorzuhalten: wir können Gott nicht
erleben. Das sind schließlich Sätze wider Sätze, Worte wider
Worte. Um über subjectivistische Bekenntnisse hinauszukommen,
müssen wir dieses Erleben irgendwie inhaltlich erfassen, um es
bei einander wieder erkennen zu können. Ich will im Folgenden
nur daran erinnern, in welchem Maße solches Erleben bei uns
geschichtlich bedingt und vermittelt ist. So allein kann das uralte
Vorurteil gebrochen werden, als stehe religiöse Lebendigkeit in
mysticistischem, unvermitteltem Empfinden und habe ihren Wechsel-
begriff an Unbestimmbarkeit und Inhaltlosigkeit. In diesem Irr-
tume wurzelt aber zuletzt das Mißtrauen gegen den Christus im
Evangelium.

Das kürzeste Evangelium ist gewiß: Gott, mein Vater, ich
sein Kind. Wie erleben wir das? In der Christenheit hundert-
und tausendfach. Von Kind auf hört man die Predigt von der
Liebe des Vaters, lebt im Vorsehungsglauben und im redlichen
sittlichen Streben. Allein hält das Stich? hält das Stich, wenn
der Todeskampf des Gewissens um der Sünde willen, die man
begangen hat, beginnt? wenn es bei allem Vorsehungsglauben
mit dem inneren Leben nicht vorwärts gegangen ist? Hält das
Stich, wenn man über das eigne, Gotte gegenüber steinerne Herz
zu klagen hat? Man schilt dann auf einen starren Dogmatis-
mus und ruft nach dem Enthusiasmus; er soll das Leben des
ersten Christentumes ausgemacht oder bezeichnet haben. Wo ist
er in der Geschichte des Christentumes geblieben? Der gelegentlich wieder auftauchende Enthusiasmus hat zu verschiedene
Schattierungen, als daß er Vertrauen zu seiner Kraft wecken

könnte, dem schlichten Evangelium vom Vater und Kind zur vollen Wirkung zu helfen. Es wird sich verhalten, wie es sich schon öfter in der Kirchengeschichte gezeigt hat. Nur der Glaube, der am biblischen Christentume genährt ist, hat stetige Wärme und Lebenskraft. Wenn dieses Licht im Abendrot erglimmt, wenn infolge der Vorliebe für Abstraction und empirische Forschung die Kälte Überhand gewinnt, was wird dann aus dem innigen Verhältnis von Vater und Kind? An ihre Stelle treten Schöpfer und Geschöpf, König und Bürger im Reiche der Zwecke. Der vulgäre Rationalismus hat es uns vorgeführt, wie diese Abkühlung endlich das ganze Christentum entkräftet. Da bedarf es dann keines Erlebens mehr; aber es wird auch kein Evangelium mehr vernommen.

Darum noch einmal: Wie erlebt man jenes Evangelium? A. Ritschl würde sagen: Dieses Evangelium besteht nicht aus analytischen, sondern aus synthetischen Urteilen. Nicht weil Gott Gott ist, und ich ihn begreife, schon darum habe ich mich als sein Kind zu achten und ist er mein Vater. Und gleichermaßen nicht weil ich Mensch bin, darum darf ich schließen, ich sei ohne weiteres Gottes Kind. Im Gegenteil, für einen, der das erlebt, ist das Ergebnis ein synthetisches Urteil; seine Aussage fließt nicht aus dem Begriffe seines Gegenstandes, ja es ist eine Paradoxie. Dieser verborgene, ewige Gott, hat er ein Herz? Was ist in diesem Herzen, zumal für mich oder wider mich? Ich, der Sklave der Endlichkeit, der Knecht meiner Sünde, ich soll nicht bloß für einmal zum Kinde Gottes angenommen sein, sondern soll bleiben können in diesem Stande, soll dem Herzen Gottes vertrauen dürfen; das heißt versöhnt sein! Ich soll aus Ohnmacht befreit und erlöst sein; das heißt Kindschaft! Woher stammen die Antworten auf solche bange Fragen, die Verbürgungen solcher erstaunlichen Gewißheiten? — Durch die Geschichte des Christentumes ergießen sich zwei große, gewaltige, sich ergänzende und sich ablösende Ströme. Den einen Strom bildet die Zuversicht zu der Befreiung von der Endlichkeit und von der Sünde, den andern die Sehnsucht nach Versöhnung mit Gott und die Freude an ihrem Besitze; beide tragen die Wirkung des lebendigen Christus durch die Zeiten, vielfach getrübt und geschwächt, aber immer wieder hervorbrechend und wirkend. Diese Ströme gehen zurück auf Paulus. Der andre Adam der Anfang aller Befreiung, und der zur Rechten Gottes sitzende Gekreuzigte der Mittler der Versöhnung. Der um unsrer Sünde willen dahingegebene und um unsrer Gerechtigkeit willen auferweckte Christus für uns, und der uns in sein Kreuzeserlebnis und Auferstehungsleben hineinziehende Christus in uns — er in dieser zwiefachen Beziehung auf jeden von uns, er allein bürgt uns für das Vaterherz Gottes und für unsern Kindesstand. Jesus ist der Weg, in ihm sind wir aber auch am Ziele. Im Umgange mit dem lebendigen Christus verkehren wir als Kinder mit Gott, anders nicht. Sonst sind wir bei unserm großen Dichter, der einen Gottesnamen, auch den Vaternamen ablehnt: „Gefühl ist alles, Name leerer Rauch"; bei seiner pelagianischen Selbstabsolution, in der ihm Kant mit der Anerkennung des radikalen Bösen „seinen Philosophenmantel frevelhaft beschlabbert" zu haben schien; bei seinem Vertrauen auf die eigne Kraft: „Von der Gewalt, die alle Wesen bindet, befreit der Mensch sich, der sich überwindet." Gegen die Selbstvernichtung im Mysticismus mag eine sittlich geartete und dadurch mit Inhalt versehene Religiosität in etwa bewahren können. Aber den Subjectivismus vor der Skepsis zu retten, die hinter allen bloßen Phänomenologien des Bewußtseins lauert, das gelingt ihr nur durch eine Übersteigerung der Selbstgewißheit, die ihren Anspruch gegenüber dem Universum, wie bei Goethe, auf die Selbstbildung einer privilegierten Natur gründet. Das aber ist der Widerspruch zum Grundzuge des Gottesbewußtseins; denn so gewiß ihm das Freiheitsbewußtsein inne wohnt, so gewiß ist das nur so auf grund des wurzelhaften Bewußtseins der Abhängigkeit. Vollends der christliche Glaube ist nicht Selbsterlösung; es bleibt dabei: fides est vox relativa. Diesem Schwanken des Subjectivismus zwischen Selbstvernichtung und Selbstübersteigerung macht allein die Erfahrung ein Ende, welche Paulus Gal. 2, 20. 21 ausspricht: „Christus lebet in mir, ich lebe im Glauben des Sohnes Gottes." Daraus hilft weder zeitlose Moral noch zeitlose Religiosität, sondern allein der geschichtliche Christus. · Deshalb ist er selbst sein Evangelium. Um das Bleibende und Wertvolle im Christentume herauszufinden, brauchen wir nicht in die Abstraction des „Zeitlosen" hinüberzufliegen und ein Anlehen bei Platons Idealismus zu machen. Jesus war nicht nur der Träger einer Idee, so daß nach seinem Tode von ihm nichts bliebe als diese fortwirkende Idee. So dachte Lipsius sich die Dinge in den ersten Auflagen seiner Dogmatik. Er ist nicht zu früh gestorben, um diesen Irrtum zu retractieren und aus seinem Grabe dawider zu zeugen. Die Person ist mehr als die zeitlose Idee, selbst in dem sachlichen Gange der Geschichte. Und so ist auch der Heiland mit seinem schlagenden Gottesherzen mehr als die bloße Idee der Gotteskindschaft.

Die Person aber lebt in der Geschichte. Damit werden wir von dem Erleben des Subjectes selbst hinübergeführt auf den Boden der Geschichte.

Das Evangelium ist nicht der Einbruch einer Idee in das Denken der Menschen; es ist selbst etwas Geschichtliches. Wenn Jesus eben nur läuterte und wirksam machte, was er vorfand, so war dieser Gehalt des Evangelium, wie er etwa Jesaja 40 f. uns entgegentritt, in Israel geschichtlich geworden. Empirischgeschichtlich eignet schon diesem Evangelium, das Jesus vorfand, die Particularität alles Geschichtlichen; es ist nicht so alt als die Welt. Hat es Anspruch auf Allgemeingiltigkeit, so fließt er ihm nicht aus seiner Ursprünglichkeit. So wenig nun ein aus dem späteren Judaismus heraus geläutertes Alttestamentliches „zeitlos" ist, so wenig benimmt der geschichtliche Gehalt des Evangelium, dessen Inhalt Jesus bildet, ihm die Allgemeingiltigkeit. Wie es Thatsache ist, daß seit seinem Auftreten das „Evangelium im Evangelium" nur in unlöslichem Zusammenhange mit seiner Person in Wirksamkeit getreten ist, so ist es auch Thatsache, daß dieser Zusammenhang nie anders verkündet, geglaubt und auch erlebt wurde, als so, daß der Auferstandene Christus selbst den bestimmenden Inhalt dieses Evangelium bildete. Und so verhält es sich nicht bloß mit dem Evangelium von Christo, sondern auch mit dem, was man als das „zeitlose" Religiöse anpreist. Gott ist aus der Natur nicht als der lebendige, geschweige als der Vater gefunden. Warum beklagt man sich denn, und nicht ohne Grund, über die Verderbung der christlichen Gotteserkenntnis durch den metaphysischen toten Gottesbegriff der Hellenen?! Auch Jesus hat seinen Vater nicht in seiner Naturbetrachtung entdeckt; er erwachte zum menschlichen Bewußtsein und zum messianischen Bewußtsein unter der geschichtlichen Offenbarung, unter dem Eindruck des „es steht geschrieben". Ebenso wenig ist der lebendige Gott, der mehr ist als die abstracte Einssetzung von Gedanke und Macht, der lebendige Gott, von dem man sagen darf: er ist Liebe, — ebenso wenig ist er aus dem Bewußtsein der Menschen ihnen aufgetaucht und entgegengetreten. In den biblischen Urkunden knüpft alle Bekundung Gottes im Bewußtsein, alles Inspirative, an geschichtlich Gegebenes an. Für seinen „Verkehr mit uns" hat sich Gott der Geschichte bedient. Das ist der von ihm selbst gewiesene Weg, um ihn als Vater, um ihn als Person zu erfassen. Aber, daß wir ihn auch als Kinder anzugehen und zu halten wagen, dazu hat er den einen Weg gefunden und gewiesen; er hat Christi Person, nicht seine zeit- lose Idee, sondern seine derb geschichtliche, in der Zeit so Zeitlichkeit wie Zeitlosigkeit überwindende Person zum Träger unsers Verkehres mit ihm, dem Vater gemacht. In Christo schaut man in sein Herz und spürt, daß es das Vaterherz ist. Darum gehört Jesus in das kürzeste Evangelium, das Evangelium von Vater und Kind.

Dem Neuen Testamente gilt die geschichtliche Thatsache „Jesus der Christ" als Neuschöpfung. Für Schleiermacher ist das ein uneigentlicher Ausdruck, denn seine Dialektik d. h. Metaphysik läßt nur eine ewige Schöpfung zu und schließt eine geschichtliche aus. Ihm geht das Sein über die Persönlichkeit; sie ist ihm auch nur eine Seinsschranke. Deshalb macht er aus der Neuschöpfung ihr Gegenteil, nämlich eine Stufe der ewigen Schöpfung. Das Gleiche gilt für alle Evolutionisten. Sie kennen nur stete Bewegung, nicht Anfang noch Ende und deshalb auch keine Mitte, keine Fülle der Zeiten (Gal. 4, 4 vgl. Luk. 2, 1), nur eine Flucht aus dem Strudel der Bewegungen in das Zeitlose. Das kann nur das Abstracte sein, das allgemeine Denken des Aristoteles oder das metaphysische „Ding an sich". Man nennt wohl auch das Sittliche zeitlos, während doch das Leben des Sittlichen die That und die Ursache der That die Person ist. Die Gotteskindschaft ist nicht das Bewußtsein um eine zeitlose Idee oder Beschaffenheit. Das Kind Gottes ist eine neue Schöpfung innerhalb der Geschichte; sie ist vollzogen in der Fleischwerdung für das Kreuz und in der Auferstehung aus dem Grabe. Sie vollzieht sich weiter durch Christi Geist und durch das Evangelium, in das Jesus hineingehört.

„Sei ich es oder jene", die Zwölf, „so verkünden wir und so habet ihr geglaubt" — das ist dem Paulus das eine Evangelium, von dem abzuweichen unter dem Fluche steht. Sein Inhalt ist der für unsre Sünden gestorbene und auferstandene schriftmäßige Messias. Und diesen Inhalt haben die Korinther

erlebt, er hat sich an ihrem Bewußtsein ausgewiesen.[1]) Diesen
Zeugen hat Jesus sein Evangelium übertragen, ohne irgend eine
sachliche Vorkehr für die Überlieferung des „Wesentlichen und
Bleibenden" seiner galiläischen Lehre. Keiner von ihnen hat
sein Evangelium weitergetragen, ohne zuvor vor dem lebendigen
Herrn angebetet zu haben. Und ohne sie und ihr Zeugnis hat
es nie und nirgend ein Evangelium und evangelisches Bewußtsein gegeben.

Man kann viel Hohes von der Bedeutung Jesu sagen, und
es wird davon gelten: wer nicht wider mich ist, der ist für mich.
Aber sagt man nicht das Eine: ohne den auferstandenen Gekreuzigten keine Rechtfertigung, dann gehört Jesus freilich nicht
in das Evangelium. War nämlich Jesus nur ein superlativer
Mensch, nur das Meisterstück in der langen Menschheitschöpfung,
dann kann man von ihm lernen und ihm Unsägliches danken —
aber nicht an ihn glauben. Denn „Glaube und Gott, die
gehören zu Haufe" (Luther). Dann schiebt sich seine Gestalt als
ein Fremdes in das Heiligtum zwischen Gott und die Seele.
Das ist der alte Protest der abstracten Geistigkeit gegen den
Wert. des Persönlichen, die Selbstauflösung des Subjectivismus
in den Mysticismus.

In Jesu hat sich Gott zu dem ewigen Werte der Persönlichkeit und zu dem inhaltlichen Werte ihres Lebensbodens, der
Geschichte bekannt; denn Jesus ist der Christ, der Verheißene
und Vorbereitete, die Mitte der Geschichte und ihr Ziel, wenn
er kommt in seinem Reiche. Der das Ja auf alle Verheißung
ist, hat auch in die Bilderwelt der Hoffnung seines Volkes ein
Neues gebracht, Halt und ausscheidenden Gehalt. Wir haben
nicht Not, das alles als zeitgeschichtliches Alluvium abzuspülen,
um auf die Abstraction der Zeitlosigkeit zurückzukommen. Wir

---

[1]) 1. Kor. 15, 11. — 3. 4. — 1. 2.

sind nicht an die Abstraction der That als des Thuns ohne bestimmten Inhalt gewiesen. Uns braucht, auch im Blick auf die Ewigkeit, das Irdische nicht zum „Kinderspiel am Weg“ zu werden. Das danken wir der Zuversicht zu der Thatsache, daß das Wort Fleisch ward und der Gekreuzigte lebt.

Jesus gehört in das Evangelium von der Freiheit eines Christenmenschen, wie er in seinen Glauben hinein gehört; denn in ihm hat Gott uns den Bürgen für seine — sonst — unglaubliche Gnade gestellt und uns zugleich den Bürgen für unsre — sonst — unglaubliche Erlösung geschenkt, und zwar wie jeder Seele, so der ganzen Menschheit. Darum ist er ja unsre Gerechtigkeit, unser Friede und die Hoffnung der Herrlichkeit.

———

Lippert & Co. (G. Pätz'sche Buchdruckerei), Naumburg a/S.

Lightning Source UK Ltd.
Milton Keynes UK
UKHW021608110119
335365UK00008B/754/P